Lichtblicke

...eine rezeptfreie Seelen-Medizin!

1. Auflage: Mai 2016

Herstellung und Verlag:
BoD – Books on Demand, Norderstedt

ISBN: 978-3-8391-4630-9

Inhaltsverzeichnis

AF280679

Vorwort

Lieber Leser!

Vor einiger Zeit schrieb mir eine Leserin den folgenden Kommentar in einem Internet-Portal unter eines meiner Gedichte:

„Eigentlich sollte man Deine Bücher auch in Apotheken verkaufen, denn da ist so viel Medizin für die Seele drin!"

In diesem Moment sprühte ein wahrer Funkenflug durch meinen Kopf, und ich machte mich an die Arbeit, sämtliche Gedichte rauszusuchen, in denen ich den Menschen mit meinen Worten versucht habe, ein wenig Hoffnung auf den Weg zu geben. Die tiefsten von ihnen sollen Sie nun in diesem Buch lesen.

Viel Spaß beim Schmökern wünscht Ihnen der Autor Norbert van Tiggelen

Erste Hilfe

Manchmal gibt es dunkle Zeiten,
so ist das im Leben mal;
die belasten unsre Nerven,
schließlich sind wir nicht aus Stahl.

In so einer Lage steckst du,
darum geht es nicht voran.
Du fühlst dich total gerädert,
wie in einem schlechten Bann.

Deine Laune ist im Keller
und der Akku ziemlich leer.
Darum hat die zarte Seele
keine Kraft zur Gegenwehr.

Weil ich deinen Unmut kenne,
schlägt es bei mir laut Alarm;
darum nehm ich dich jetzt einfach
ganz, ganz lieb in meinen Arm!

Wir und alt?

Nur weil hier und da ein Fältchen
unsre schmucken Körper ziert,
sind wir ganz bestimmt nicht kraftlos,
tatterig und auch verwirrt.

Nur weil manch ein graues Härchen
unser Haupt zum Glänzen bringt,
zweifelsohne keiner von uns
täglich mit dem Tode ringt.

Nur weil man in unsrem Alter
kaum einmal die Fäuste ballt,
Schwierigkeiten sachlich regelt,
sind wir lange noch nicht alt!

Darum möchten wir euch sagen,
lebenslustig und mit Schwung:
Richtet uns nicht nach dem Alter –
oft sind wir im Herzen jung!

©Norbert van Tiggelen

Wahre Champions

Champions werden nicht geboren,
nein, sie müssen lange fighten,
sich mit Nebenbuhlern raufen,
debattieren, kämpfen, streiten.

Einen langen Weg begehen,
der oft steil und holprig ist,
sich gemeinen Menschen stellen
und so mancher Hinterlist.

Siegeswillen stets zu zeigen,
sieht's auch noch so düster aus;
Fehlurteile zu verkraften,
Zeiten ohne/mit Applaus.

Hat ein Mensch all das erduldet,
ohne dabei fortzurennen,
steht noch meinungsstark im Leben -
darf er sich „ein Sieger" nennen.

©Norbert van Tiggelen

Stolz

Stolz bedeutet: Aufrecht gehen,
sich nicht ducken wie ein Knecht;
Mut und Ehre präsentieren,
stets zu kämpfen für das Recht.

Stolz trägst du in deinem Herzen,
hast du ihn nicht, sieht's schlecht aus.
Dann wirst du es nicht weit bringen,
erntest kaum einmal Applaus.

Stolz bedeutet, sich zu wehren:
„Nicht mit mir, nimm dich in Acht!"
Mit 'nem guten Selbstbewusstsein
hat man's oft schon weit gebracht.

Ohne Stolz kriechst du durchs Leben,
dann kommt's vor von Fall zu Fall,
dass die Menschen durchaus meinen,
du seist nur ihr Punchingball.

Rücksicht

Rücksicht heißt: Den Nächsten achten,
und ihn nehmen, wie er ist,
mal ein wenig auszuweichen,
um zu meiden Streit und Zwist.

Rücksicht heißt: Mal was zu teilen,
dass der andre auch was kriegt,
und nicht alles gierig raffen –
dass die Toleranz mal siegt.

Rücksicht heißt: Mal zuzuhören,
was den andren so bedrückt.
Leider sind zu viele Menschen
nur mit tauben Ohr'n bestückt.

Wenn wir alle Rücksicht zeigen,
wenigstens ein bisschen mehr,
liefen viele Menschenseelen
nicht mehr nur im Kreisverkehr.

Das A und O

Pfeif auf Geld und dickes Auto,
ferne Reisen, teure Tracht;
ebenso auf Schmuck und Münzen,
edle Möbel, Ruhm und Macht.

Es gibt eine andre Sache,
die im Leben wichtig ist.
Sie lässt sich mit Geld nicht kaufen,
ganz egal, wie reich du bist.

Ist sie einmal angeschlagen,
merkst du plötzlich ihren Wert
und du spürst auf einmal heftig,
wie's an deinem Geiste zehrt.

Darum pfeif auf Materielles,
leb dein Leben wie gewohnt.
Sieh dich stets als reich und mächtig,
wenn Gesundheit in dir wohnt.

Freiheit

Freiheit heißt, all das zu machen,
was man einfach machen will,
unabhängig zu bestimmen,
ohne Zwang und ohne Drill.

Freiheit heißt auch, zu bestimmen,
was man selbst für richtig hält,
welcher Religion man huldigt,
sich nicht nur mit Pflichten quält.

Freiheit heißt, zu kritisieren,
ganz egal, zu welcher Zeit;
sich das Wort nicht nehmen lassen
wegen Untergebenheit.

Darum sollten wir tagtäglich
sie als großes Glück anseh'n;
denn nicht jeder Mensch auf Erden
darf die eignen Wege geh'n.

©Norbert van Tiggelen

Schutzengel

Ich schick Dir einen Engel,
der Dich stets bewacht,
der mit Dir ein Tränchen weint,-
aber auch mal lacht.

Ich schick Dir einen Engel,
der sich um Dich sorgt,
der Dir, wenn Du ratlos bist,
gern sein Ohr mal borgt.

Ich schick Dir einen Engel,
der Dich innig liebt,
der mit seinem Flügelschlag
Dir wieder Hoffnung gibt.

©Norbert van Tiggelen

Trau dich!

Trau dich über deine Grenzen,
spiel den Sorgen einen Streich!
Nur der Freie, Unbeschwerte
ist im Grunde wirklich reich.

Springe über deinen Schatten,
wer nicht wagt, der nicht gewinnt!
Lebe jetzt, nicht irgendwann mal –
denke dran, die Zeit verrinnt!

Mache dir nicht ständig Ängste,
dass etwas passieren kann –
der, der nie aus sich herauskommt,
gleicht doch einem Hampelmann!

Keine Angst vor Niederlagen,
wag den Schritt zum Risiko!
Denn dann kannst du bald schon sagen:
Endlich leb ich – bin ich froh!

Steh auf!

Steh bloß auf, auch wenn es schwer fällt,
selbst wenn manche Wunde klafft!
Lass nicht zu, dass andre spotten,
zeige ihnen deine Kraft!

Sei für deine Liebsten Vorbild,
zeige ihnen, dass du kämpfst!
Präsentiere den Rivalen,
dass du nicht am Galgen hängst!

Bleibe hart und zeige Stärke,
dass du selbst die Kurve kriegst!
Stehe auf, egal wie häufig,
bis du irgendwann mal fliegst!

Denn nur der, der auch bereit ist,
auch den schweren Weg zu geh'n,
hat das Recht, einmal ganz oben
auf dem Podium zu steh'n.

©Norbert van Tiggelen

Innere Werte

Pfeif auf materielle Sachen:
Villa, Flugzeug, Feuerstuhl,
fettes Konto, Samt und Seide,
Straßenkreuzer, Swimmingpool.

Solch ein Luxus mag zwar schön sein,
aber er spricht nicht dafür,
dass der Mensch 'ne gute Seel' hat,
mit Besorgtheit und Gespür.

Darum halt' ich mich an Dinge,
die man mich als Kind gelehrt:
Wichtig ist an einem Menschen
fraglos der Charakter-Wert.

Eier in der Hose !?

Ich mag Menschen, die sich wehren,
die zu ihren Worten steh'n;
die, wenn's sein muss, ihre Wege
auch mal ganz alleine geh'n.

Typen, die vertrauenswürdig,
standfest und auch ehrlich sind;
Kerle, die bei Schwierigkeiten
nicht gleich winseln wie ein Kind.

Komisch ist nur mittlerweile,
und da sag ich echt „oh weh":
Dass ich diese „Eier" – seltsam –
immer mehr bei Frauen seh!

Ein Hoch auf die Gesundheit

Gesundheit ist ein Reichtum,
doch sieht man's oft nicht so;
solange man gesund ist,
ist 's Leben bunt und froh.

Der Kranke nickt jetzt sicher,
denn er weiß, was ich mein' :
Ein Leben voller Schmerzen
ist eine große Pein.

Drum hört, was ich euch sage!
Ganz ehrlich, ohne List:
Der Gesunde weiß oft nicht,
wie reich er wirklich ist.

Schreckgespenst adieu

Es quält dich schon ziemlich lange,
dieses Biest in deinem Kopf.
Täglich packt es deine Seele
ganz brutal an ihrem Schopf.

Zieht dich in den Keller runter,
dort, wo's kalt und dunkel ist,
wo du ihren rüden Mächten
völlig ausgeliefert bist.

Aber irgendwann wird's müde,
dieses blöde Schreckgespenst.
Dann wirst du das Leben spüren,
so wie du's von früher kennst.

Ein Erfolg, der lang ersehnt war,
reicht 'ner morschen Psyche aus;
um das Ekel zu verbannen
aus dem kranken Seelenhaus.

Handicap

Menschen mit 'nem Handicap
sind keine Ungeheuer,
sie haben nur ein Handicap
und zahlen dieses teuer.

Menschen mit 'nem Handicap,
sie würden sich gern freuen,
die Welt nur schön und farbig seh'n
und keinen Tag bereuen.

Menschen mit 'nem Handicap,
sie haben Recht zu leben,
sie suchen nach Bestätigung,
auch das ist ihr Bestreben.

Menschen mit 'nem Handicap,
die schiebt man nicht zum Rand,
sie müssen in der Mitte steh'n,
drum reicht ihnen die Hand!

Träume

Träume muss ein jeder haben –
ohne sie, da fehlte was!
Man hätt' keine Phantasien,
Nächte wär'n meist öd und blass.

Träume lassen dich erholen
von so manchem Alltagsstress.
Nach ein wenig Seelen-Urlaub
raff dich auf und sage „YES!"

Manchmal gibt's halt miese Zeiten,
da hilft dann auch kein Gestöhn';
läuft ein Tag mal richtig düster –
träum ihn dir ganz einfach schön!

Flucht nach vorne

Lasse dich nicht ständig nerven,
du bist doch kein Idiot!
Die, die ständig mit dir hadern,
stecken meistens selbst in Not.

Sie seh'n dich als Lückenbüßer,
bist für sie ein schwarzes Schaf.
Woran kann das denn nur liegen?
Glaub mir, du bist viel zu brav!

Stell dich ihnen gegenüber
und dann volle Kraft voraus.
Ab und zu geht es nicht anders -
hol die Ellenbogen raus!

Zu kämpfen bereit

Ein bisschen mehr Freude
statt Trauer und Leid,
dann hätte manch ' Seele
ein farbiges Kleid.

Ein bisschen mehr Einklang
statt Hader und Fehde,
dann wäre von Feindschaft
wohl kaum noch die Rede.

Ein bisschen mehr Rücksicht
statt Kühnheit und Lügen,
dann hätt' auch ein Schwacher
am Leben Vergnügen.

Ein bisschen mehr Frieden
statt Sturheit und Krieg,
es wär für die Menschheit,
ein mächtiger Sieg.

Ein bisschen mehr Wärme
statt Kälte und Hass,
dann wären die Farben
des Alltags nicht blass.

Ein bisschen mehr Güte
statt Raffgier und Neid,
dann wären mehr Menschen
zu kämpfen bereit.

©Norbert van Tiggelen

Geteiltes Leid

Geteiltes Leid ist halbes Leid,
drum hör den Sorgen zu.
Lass dir erzählen, was bedrückt,
du hilfst damit im Nu.

Du schenkst somit Geborgenheit
und Hoffnung obendrein,
denn Trost ist eine wahre Freud'
für Herzen voller Pein.

Irgendwann, da brauchst auch du
ein solch sensibles Ohr;
auch wenn du's jetzt nicht glauben magst,
es kommt bestimmt mal vor.

Dann wirst du froh sein, glaube mir,
so wie's der Mensch einst war,
dem du dein Ohr geliehen hast,
in „Seelensturz-Gefahr".

Glückstag

Dieser Tag, der alles ändern
und dich glücklich machen kann,
der dein Leben völlig umwirft
und dich lächeln lässt fortan...

Dieser Tag, auf den du wartest,
schon seit ziemlich langer Zeit,
könnte morgen schon geschehen –
sei schon mal dafür bereit!

Drum verliere nie die Hoffnung
und schau immer geradeaus.
Denn das Glück kommt von alleine -
nicht wenn man es fordert 'raus.

Es gibt ihn

Irgendwann kommt eine Seele,
die dir richtig imponiert;
einer, der vorher Gescheh'nes
mit 'nem Lächeln ausradiert.

Jemand, nach dem du dich sehntest
(d)ein gefühltes Leben lang,
der dir in den süßen Po tritt
zu 'nem tollen Neuanfang.

Einer, der dein' grauen Alltag
zu 'nem bunten Garten schmückt,
der dir sogar von 'nem Birnbaum
ein paar süße Kirschen pflückt.

Einer, der dir all das bietet,
von dem du hast lang geträumt;
der mit dir auch zuverlässig
Steine aus dem Wege räumt.

Charakter

Sag ruhig weiter deine Meinung,
auch wenn sie nicht jedem passt;
ja, ich weiß, es ist oft schwierig –
Ehrlichkeit wird meist gehasst.

Bleibe hart, wenn andre schmelzen,
mach zur Not dein Ding allein.
Denk nur dran: Mit deiner Großmut
strebst du hin zum Anderssein.

Pioniere braucht die Menschheit,
Seelen, die sich mal was trau'n.
Sonst wird man noch in der Zukunft
ausnahmslos auf Heuchler bau'n.

Ärgern wirst du damit sicher
Menschen, ganz gewiss zuhauf;
aber du bist eine Größe –
bleibe ehrlich - pfeif was drauf!

Hufe hoch!

Wenn ich dich zu viel bedaure,
kommst du nicht aus deinem Ar…;
Du wirst immer weiter sinken,
klingt es jetzt auch noch so harsch.

Du verstehst, dass ich mich sorge,
weil du mir sehr wichtig bist.
Darum muss ich dich jetzt quälen –
darin bin ich Spezialist.

Doch du weißt, wie ich das meine,
wir versteh'n uns sowieso.
Darum tret' ich dir jetzt freundlich
rein in deinen süßen Po!

©Norbert van Tiggelen

Wahre Freunde…

…sind wie gute Feen,
die mit dem zarten Hauch
ihres sanften Flügelschlages
Farbe in den Blick
Deines grauen Alltags bringen.

©Norbert van Tiggelen

"Fliehkräfte"

Wenn Menschen zu dir böse sind,
dann leidet dein Gewissen.
Du fühlst dich wie ein Taugenichts,
vereinsamt und beschissen.

Bevor der Geist und auch das Herz
vertrocknen und erkranken,
flüchte vor der schlechten Brut,
um neue Kraft zu tanken.

Denn glaube mir, ich mein' es gut:
Das größte Glück auf Erden,
was dir je passieren kann,
ist das, geliebt zu werden.

©Norbert van Tiggelen

Glücksmomente

Genieße Glücksmomente,
denn in Deinem Leben
wird es auch manch dunkle Zeit
und Unbehagen geben.
Diese tollen Phasen,
sie sind wie Zauberei,
denn sie bringen in der Not
Dir Seelentrost herbei.

©Norbert van Tiggelen

Einfach du

Ändere dich nicht für andre,
bleib ganz einfach, wie du bist!
Ich bin sicher, dass so manche
Seele auf dich neidisch ist.

Sie würd's niemals eingestehen,
denn dazu gehört schon Mut;
doch zu wissen, dass man toll ist,
tut dem Ego mehr als gut.

Darum sag ich dir jetzt neidlos
und ganz ehrlich - hör mir zu:
Ändere am besten gar nichts,
bleib ganz einfach – einfach du!

Ich habe vor ein paar wenigen Menschen
einen höllischen Respekt. Es sind jene, die
sich nicht den Hetzkampagnen anderer
angeschlossen haben, die gegen mich
geführt wurden, um mich zum Erliegen zu
bringen. Diese standfesten Seelen haben
dafür gesorgt, dass ich nicht den Glauben
an das Gute im Menschen verloren habe
und mir selber treu geblieben bin.
VIELEN DANK DAFÜR!

Wird schon wieder

Kopf hoch, Mann! Es wird schon werden,
selbst wenn's derzeit nicht so läuft.
Es gibt leider auch mal Phasen,
wo sich halt das Unheil häuft.

Bald schon geht es wieder aufwärts,
glaube nur ganz fest daran!
Und Du wirst sehr schnell erkennen,
es fängt ein neues Leben an.

Selbstmitleid

Selbstmitleid ist ein Verhalten,
das tut keiner Seele gut;
man hemmt sich damit nur selber
und schwächt seinen Lebensmut.

Wenn ein Mensch sich nur bedauert –
auch wenn's jetzt makaber klingt -,
wird er sicher eines schaffen:
dass er darin mal versinkt.

Kompliment

Menschen kann man schnell ermuntern,
dafür braucht man nicht mal Geld;
ebenso nicht teure Gaben,
auch wenn's mancher Seel gefällt.

Willst du einen Geist erfreuen,
dass in ihm ein Feuer brennt,
streichle einfach seine Seele –
mache ihm ein Kompliment!

©Norbert van Tiggelen

Lebensweg

Gehe mit Gott
den Weg Deines Lebens,
ist er auch steinig
und scheint oft vergebens.
Der Herr schenkt Dir Licht,
auch an dunklen Tagen,
versuche sein Wort
im Herzen zu tragen.

©Norbert van Tiggelen

Ansehen

Wenn Du der Gesellschaft zeigst,
dass Du gerne dazu neigst,
Dich mit Größerem zu messen,
bleibst Du meistens unvergessen.

Nur mit Leichtem sich befassen,
solltest Du doch lieber lassen,
denn Dein Ansehen steigt enorm,
wenn Du schlägst die hohe Norm.

©Norbert van Tiggelen

Schau nach vorn

Schaue nach vorne – niemals zurück,
nur in der Zukunft, da liegt Dein Glück!
Hattest Du gestern noch Ärger und Not,
morgen vielleicht ist schon alles im Lot.

Gestern, das zählt nicht, heut wird gelebt
immer nach Gunst und Erfolg sei bestrebt!
Negativ denken, das hemmt Dich enorm:
Willst Du gedeihen – dann schaue nach vorn!

©Norbert van Tiggelen

Wessi vs. Ossi
(oder umgekehrt)

Ob Wessi oder Ossi,
das ist doch völlig gleich!
Wer dieses nicht begreifen will,
der ist im Köpfchen weich.

Wir sprechen eine Sprache,
auch wenn's nicht oft so klingt;
die Hymne unseres Vaterlands
ein jeder textgleich singt.

Wir haben doch gemeinsam
so manches schon vollbracht;
der Bundesadler blickt auf uns
bei Tag und auch bei Nacht.

Drum lasst uns weise leben,
in Fried' und Harmonie.
Ein Volk muss sich nicht ächten
in Zank und Ironie.

©Norbert van Tiggelen

Regenbogenbrücke

Hat Dein treuer Weggefährte
seine Augen sanft geschlossen,
ist der Schmerz unendlich tief -
sein Lebensbach dahingeflossen.

Er betritt dann ohne Leiden
einen Steg, so schillernd bunt;
über diesen wird er schweben
wie ein freier Vagabund.

Diese Brücke führt ihn dorthin,
wo es ruhig und friedlich ist.
Ihn umgeben Bäche, Wiesen,
keine Schmerzen und kein Zwist.

Eines Tages irgendwann mal
werdet ihr euch wiedersehen
und gemeinsam eng beisammen
über diese Brücke gehen.

©Norbert van Tiggelen

Auf lange Zeit gesehen

Lügner sind auf kurzen Strecken
oftmals flott und schnell am Ziel.
Sie umschlingen schwache Seelen -
so läuft leider halt das Spiel.

Einen Marathon hingegen
können sie gewinnen nicht.
Denn auf langer Sicht, welch Freude,
sich so'n Lump die Knochen bricht.

Glückswoche

Ich wünsch dir für diese Woche
all das Gute dieser Welt:
Seelenfrieden, Spaß, Gesundheit
und genügend Taschengeld.

Eine Woche der Erfolge -
sieben Tage Freud am Stück;
168 Stunden
kolossales Lebensglück.

„Arbeitsloser“

Nicht ein jeder Arbeitslose
ist ein fauler Lebemann,
der den ganzen Tag nur gammelt
und noch nie etwas ersann.

Unter ihnen gibt es Kranke;
auch ein Unfall war oft schuld,
dass sie nicht mehr schaffen können,
kannten Arbeit einst als Kult.

Andre wirkten viele Jahre,
haben Geld verdient wie Heu;
wurden plötzlich rausgeworfen,
waren sie auch flink und treu.

Kaum ein Reicher kann erahnen,
wie man sich als Armer plagt
und der Frust des leeren Lebens
in der tiefen Seele nagt

Darum rate ich dir eines:
Schimpfe nicht gemein und schlecht!
Nicht ein jeder „Arbeitslose“
ist ein fauler müder Knecht.

©Norbert van Tiggelen

Die große Liebe

Manchmal dauert's etwas länger,
bis der Topf 'nen Deckel kriegt,
dass man dem geliebten Herzblatt
endlich in den Armen liegt.

Eines Tages, unerwartet,
steht sie vor dir, diese Seel',
die dein Herz ganz zärtlich anstößt,
sich entpuppt als Kronjuwel.

Dann schwebt man auf Wolke Sieben,
all das Warten wurd' belohnt:
Endlich hast du diesen Liebling,
der in deinem Herzen wohnt!

©Norbert van Tiggelen

Lästermäuler

Wenn man über dich oft lästert,
halt den Heucheleien stand!
Es beweist, das Leben solcher
ist nicht halb so interessant.

©Norbert van Tiggelen

Lichtquellen

Wenn du am großen Firmament
kein helles Sternchen bist,
dann sei nicht lang verärgert
und bleibe Optimist.

Wichtig ist, und glaube mir,
hör gut auf diesen Reim:
Sei lieber deiner Brut zur Freud
ein warmes Licht daheim!

Gott schütze

Ein lieber Mensch, der fragte mich,
was ich mir wünsch am heut'gen Tag.
Die Antwort kam sehr schnell von mir
und es verging kein Wimpernschlag.

Ich sprach: Mein Freund, ich brauche nichts,
hab alles, wie Du siehst.
Ich wünsche mir, dass Gott gibt Acht
auf den, der das jetzt liest.

Lächeln

Lächeln kann so vieles zeigen:
Mut, Vertrauen, Freundlichkeit,
Zuversicht und Nächstenliebe,
Lebensfreude, Heiterkeit.

All die Dinge, sie vergnügen
und tun jeder Seele gut;
zeige wieder mal ein Lächeln,
und du machst den Menschen Mut!

©Norbert van Tiggelen

Lachen

Ein Tag ohne Lachen
ist dunkel und trübe.
So fehlen Dir Lichter
und innere Schübe.

Drum lache vom Herzen
so oft, wie es geht,
weil dieses manch' Bürde
zum Guten Dir dreht.

©Norbert van Tiggelen

Volle Kraft voraus

Hör doch endlich auf zu jammern,
Selbstmitleid ist schwach und arm.
Von den ganzen Klagerufen
werden deine Flügel lahm.

Nimm dein Herz in deine Hände,
kremple hoch die Ärmel dann.
Mit ein wenig Selbstvertrauen
stehst du locker deinen Mann.

Du wirst sehen, schon in Kürze
wird dein Zustand wieder gut.
Sieh' es wie bei den Gezeiten,
nach der Ebbe kommt die Flut.

Komm und reich mir deine Hände,
der Ofen ist noch lang nicht aus.
Ich will aus dir lautstark hören:
„Auf geht's, volle Kraft voraus!"

Wir zusammen!

Wir zusammen sind die Zukunft,
ganz egal, ob schwarz, ob weiß,
wichtig ist, dass wir nicht hassen,
daran tun mit ganzem Fleiß.

Wir zusammen sind der Wohlstand,
ganz egal, ob arm, ob reich,
wichtig ist, dass wir fair teilen,
denn so wären wir stets gleich.

Wir zusammen sind die Masse,
Ganz egal, ob dick, ob schlank,
wichtig ist, dass wir uns schätzen
und wir zieh'n an einem Strang.

Wir zusammen sind die Menschheit,
ganz egal ob Frau, ob Mann,
wichtig ist, dass wir uns achten,
denn nur so geht es voran.

Glückspilz

Menschen sind oft unzufrieden,
zetern ständig mit sich rum.
Irgendwelche Bagatellen
rauben ihnen Kraft und Mumm.

Dabei gibt es wirklich Armut
unter unsrem Himmelszelt,
Seelen, die tagtäglich leiden,
deren Existenz zerfällt.

Machte er sich mal Gedanken,
mancher müde Pessimist,
würde er ganz schnell erkennen,
welch ein Glückspilz er doch ist.

Gottes Regeln

Wer stets nach Gottes Regeln lebt,
und nur nach Gunst und Wahrheit strebt,
der wird hier unten oft verhöhnt,
jedoch im Paradies verwöhnt.

Kleines bisschen

Nur ein kleines bisschen Güte
zu den Kindern dieser Welt,
und sie werden auch begreifen,
dass man stets zu ihnen hält.

Nur ein kleines bisschen Rücksicht
auf den Menschen neben dir;
keine Vorurteile wegen
Glaubensrichtung und Hartz IV.

Nur ein kleines bisschen Gradheit,
klare Worte, nett gesagt,
und so manche kranke Seele
einen neuen Anfang wagt.

©Norbert van Tiggelen

Du schaffst das!

Lass nicht deine Flügel hängen,
du bist doch kein armes Licht!
Geh den Dingen stolz entgegen,
sage nie: „Das schaff ich nicht!"

Wer sich immer selbst entmutigt,
der kommt nie zuerst ans Ziel.
Es siegt meist der Selbstbewusste –
„Flaschen" sind halt zu labil.

Zeige endlich auch mal Zähne,
sonst nimmt man dich nur aufs Korn!
Du wirst seh'n, es läuft gleich anders –
streng dich an und schau nach vorn!

©Norbert van Tiggelen

Gottes Pfade

Wer Gottes Pfade brav begeht
und zu seinem Namen steht,
der erntet hier oft Spott und Hohn,
doch er bekommt am End' sein' Lohn.

©Norbert van Tiggelen

Willkommen
im Leben

Willkommen im Leben,
zurück auf der Spur -
bist wieder da,
Du Kämpfernatur!

Vergessen sind Nöte,
Sorgen und Leid,
mit neuem Mute
zum Durchstart bereit.

Jetzt wird beschleunigt
von Null auf Hundert,
und darum sich mancher
noch über Dich wundert.

Zeige den Heuchlern
nun wieder die Zähne
und schmiede fortan
ganz neue Pläne!

Viel Glück!

©Norbert van Tiggelen

Innerer Wert

Du hältst dich für überflüssig,
weil du nicht viel Kohle hast.
Darum ist der „Pleitegeier",
ziemlich oft bei dir zu Gast.

Deine Möbel war'n nicht teuer,
haben Macken hier und dort.
Du meinst, wegen deiner Armut
laufen dir die Freunde fort.

Doch glaub mir, was ich dir sage:
Wer so denkt, der liegt verkehrt;
Menschen mit 'nem guten Herzen
sehen deinen innren Wert.

Linderung

Der Verlust, er schmerzt dich sehr,
dein Leben, es bricht ein;
ein lieber Mensch verließ die Welt,
du fühlst dich jetzt allein.

Nach langem Leiden, oh wie schlimm,
ging er ins helle Licht.
Dein Mund sagt: „Es ist besser so!",
dein Herz versteht es nicht.

Ich versteh dich, doch bedenke,
auch wenn's wehtut wirklich sehr:
Diese lang geschundne Seele
hat jetzt keine Schmerzen mehr!

Einfach reden

Reden überwindet Hürden,
löst manch Fessel gar im Nu,
überwindet Barrieren,
Schwierigkeiten noch dazu.

Reden bricht oft langes Schweigen,
peitscht die Sturheit herzlos aus.
Werden Worte Komplimente,
wirkt es gar als Ohrenschmaus.

Reden schlichtet Widerstände,
hilft so manchem aus der Not.
Es wirkt wie ein Blitzableiter,
Fallschirm und auch Rettungsboot.

Und darum:

Die Welt braucht mehr Besonnenheit,
vermeidet Hass und Fehden!
Der Startschuss eines Neubeginns ist –
reden, reden, reden!

Plötzlich allein

Wenn dein Partner dich verlässt,
liegt deine Welt in Scherben.
Mit einem Schlag ist alles aus –
du möchtst am liebsten sterben.

Dein Leben ist ganz plötzlich kahl,
du denkst: „Das war's gewesen.
Ich werd' nur noch alleine sein –
die Messe ist gelesen!"

Doch glaube mir, wenn ich dir sag,
ganz ehrlich und im Klaren:
„Nicht dir allein auf dieser Welt
ist sowas widerfahren!"

Es kommt der Tag, da triffst du wen,
der auch mal wurd' verlassen
und ganz genau ihr beide werdet
zueinander passen.

©Norbert van Tiggelen

Sternenkinder
(Rendezvous im Morgenrot)

Sternenkinder, das sind Seelen,
die uns machen täglich Müh.
Sahen nie das Licht des Lebens
oder starben viel zu früh.

In Gedanken sind sie bei uns,
ganz egal, zu welcher Zeit.
In uns kann die Sonne scheinen -
plötzlich macht sich Trauer breit.

Aber auch die "großen Kinder",
die von uns gegangen sind,
schlummern tief in unsren Herzen,
darum oft ein Tränchen rinnt.

Ihr Verlust ist unerträglich,
wird uns mühen bis zum Tod.
Doch ganz sicher gibt es dann ein
Rendezvous im Morgenrot.

©Norbert van Tiggelen

Drüber stehen

Lass dich nicht von andren ärgern,
gehe weiter deinen Pfad;
tapfer, aufrecht, zuverlässig,
höre gut auf meinen Rat!

Quäl dich nicht mit dem Gerede,
was man über dich erzählt.
Spitze Pfeile böser Zungen
haben stets ihr Ziel verfehlt.

Ganz alleine sind sie wehrlos,
jeder dieser feigen Brut.
Dich zum Kampf herauszufordern,
dazu fehlen Stolz und Mut.

Nur zusammen, in der Meute,
wird VIELLEICHT mal aufgemuckt.
Doch was stört's 'ne starke Eiche,
wenn ein Schwein sich an ihr juckt!?

©Norbert van Tiggelen

Hauptgewinn

Kennst du das? Die Seele leidet,
lange schon ist sie in Not;
du fühlst dich wie eine Bombe,
die zu explodieren droht.

Dann kommt jemand, der dir zuhört,
du vertraust ihm vieles an.
Sein Gehör, was für 'ne Wohltat,
wirkt auf dich wie Baldrian.

Du spürst eine Art Erlösung,
Linderung kehrt in dich ein.
Steine fallen dir vom Herzen –
Reden kann wie Balsam sein!

Menschen, die uns manchmal zuhör'n,
sind ein Segen, ganz gewiss;
heilten mit sensiblen Ohren
schon so manchen Seelen-Riss.

Umzug

Du ziehst um, das macht dir bange,
fort von dem vertrauten Heim.
Kopf hoch, sieh nicht alles düster,
höre gut auf diesen Reim:

In der neuen Wohnumgebung
muss nicht alles trübe sein!
Sicher warten dort auf dich auch
Frieden, Glück und Sonnenschein.

Neue Nachbarn, die dich mögen,
Kinder, die die Seel' erfreun –
ich bin sicher, du wirst deinen
Schritt ganz sicher nicht bereu'n.

Eines Tages wirst du sehen:
All die Sorgen war'n umsonst.
Darum ist es jetzt auch besser,
wenn du deine Nerven schonst.

Ich wünsche dir viel Glück!

KOPIE

Wenn du diese Welt betrittst,
bist du ein Mensch von vielen.
Du wirst auf einen Pfad geschickt
mit Prüfungen und Zielen.

Die Konkurrenz, sie nächtigt kaum,
drum gib stets auf sie Acht.
Bemerkt sie, dass du clever bist,
geht's rund mit aller Macht:

Man versucht dann mit Gewalt,
dich eiskalt zu vernichten,
oder aber wenigstens,
dir Schlechtes anzudichten.

Brichst du dann ein, hast du verlor'n,
dein Aufstieg ist Geschichte.
Die Pläne, die du einst gemacht,
die sind gewiss zunichte.

Drum rate ich dir: Bleib dir treu,
verlier dein Rückgrat nie;
Du imponierst als Unikat,
doch niemals als Kopie!

Vertraue wieder

Ich kenne deinen Kummer:
Du wurdest sehr verletzt
von einer Menschenseele,
die du mal hast geschätzt.

„Enttäuschung“ heißt dein Unmut,
das Herz sticht unentwegt.
Du fragst dich: Was hat sie nur
zu diesem Schritt bewegt?

Nun willst du dich verschließen
und keinem mehr vertrau'n.
Du haderst mit dir selber,
willst nicht nach vorne schau'n.

Doch glaube mir das Eine:
Der Mensch ist nicht nur schlecht.
Dort draußen gibt es Seelen,
die sind noch fair und echt.

Drum vertraue wieder!

Warum ich ???

Warum immer ich, zum Teufel?
Sag, was hab ich bloß getan?
Ständig neue Ärgernisse,
geht es denn nicht mal human?

Warum immer neue Plagen,
welche ich ertragen muss?
Meine deprimierte Seele
hat schon manchen Bluterguss.

Warum krieg ich keinen Frieden,
muss ertragen täglich Qual?
Wann geht dieses Pech zu Ende?
Irgendwann, da reicht es mal!

Sieh es so:

Ich kann dich total verstehen,
dass du sehr verzweifelt bist.
Dich frustriert die Art der Menschen:
Raffgier, Dummheit, Neid und List.

Eines Tages aber, glaub mir,
endet dieser schlimme Graus.
Dann gehst du aus diesem Chaos
sicherlich als Sieger raus!

©Norbert van Tiggelen

Zahltag

Hier, auf unsrer großen Erde,
da regieren Ruhm und Geld,
hilfsbereite brave Menschen
räumen meist gerupft das Feld.

Reiche haben hier das Sagen,
richten über Gut und Schlecht;
für sie ist nur eines wichtig:
Wer die meiste Kohle blecht!

Aber glaubt mir bitte eines:
Ewig wird das nicht so geh'n.
Eines Tages kommt die Rechnung,
und da hilft dann auch kein Fleh'n.

Dann kriegt manch korrupte Seele
ihre Straf' für all die Pein,
die sie hier auf Gottes Erden
andren zeigte, ganz gemein.

Abgerechnet wird im Himmel,
manch ein Zweifler wird's erfahr'n.
Gott belohnt dann jene Seelen,
die zu andren gütig war'n.

Glück ist...

Glück ist eine tolle Sache,
hat man es, dann läuft es rund;
Glück gibt's gar nicht mal so selten,
darum hör auf meine Kund':

Glück ist eine Taschenlampe,
wenn es um dich dunkel ist;
Glück ist heutzutage, wenn man
Herzenswärme nicht vermisst.

Glück ist schon ein Tropfen Wasser,
für den Samen, der gedeiht;
Glück ist ein bewegtes Dasein,
Mittelpunkt statt Einsamkeit.

Glück ist eine warme Wohnung,
und ein Leben ohne Krieg;
Glück ist nicht nur all das Große,
sondern auch ein kleiner Sieg.

Darum mach dir mal Gedanken,
und sieh nicht nur alles trist;
dann wirst du ganz schnell erkennen,
was du für ein Glückspilz bist!

Nachwort

Lieber Leser, ich möchte dieses Buch mit einem kurzen Satz abschließen:

Ich hoffe, dass ich Ihnen ein klein wenig helfen konnte – alles Gute für die Zukunft!

Der Autor Norbert van Tiggelen

Impressum

Titel-Idee:
Jessica Morawetz & Karin Balmer

Cover-Foto:
Jeannette van Tiggelen

Lektorat:
Heidi Friedrich

Gedichte/Texte:
©Norbert van Tiggelen,
Wanne–Eickel (Herne 2)